Harnessing the Science of Motivation to Boost Attention and Effort in the Classroom

动机教学法

利用学习动机科学来提高课堂上的注意力和努力

［英］佩普斯·麦克雷（Peps Mccrea）著

MOTIVATED TEACHING

中国青年出版社

图书在版编目（CIP）数据

动机教学法：利用学习动机科学来提高课堂上的注意力和努力 /（英）佩普斯·麦克雷著；
刘白玉，辛静译.
—北京：中国青年出版社，2023.9
书名原文：Motivated Teaching: Harnessing the Science of Motivation to Boost Attention and Effort in the Classroom
ISBN 978-7-5153-7010-1

Ⅰ.①动… Ⅱ.①佩… ②刘… ③辛… Ⅲ.①课堂教学－教学法 Ⅳ.①G424.21

中国国家版本馆CIP数据核字（2023）第139625号

动机教学法：
利用学习动机科学来提高课堂上的注意力和努力

作　　者：［英］佩普斯·麦克雷
译　　者：刘白玉　辛　静
责任编辑：肖妩嫔
文字编辑：侯雯洁
美术编辑：杜雨萃
出　　版：中国青年出版社
发　　行：北京中青文文化传媒有限公司
电　　话：010-65511272 / 65516873
公司网址：www.cyb.com.cn
购书网址：zqwts.tmall.com
印　　刷：大厂回族自治县益利印刷有限公司
版　　次：2023年9月第1版
印　　次：2023年9月第1次印刷
开　　本：787mm × 1092mm　1/16
字　　数：60千字
印　　张：10.5
京权图字：01-2022-6538
书　　号：ISBN 978-7-5153-7010-1
定　　价：49.00元

献给：

艾米

一位一直给予我温暖的人！

目录 Contents

致读者的一封信

亲爱的读者：

谢谢你购买这本书。我希望，在某种程度上，这本书将影响你如何理解你的工作、如何开展你的工作。

我对帮助教师提高教学水平充满热情，也渴望动机教学法能为教育界做出有益的贡献。

如果你对改进这本书有任何建议，无论是对我提出的观点还是用词的选择，请务必与我联系。我真的很想听到你的建议。

佩普斯

第一幕

动机教学法的基石

1

为什么采用动机教学法?

教育是强制性的，但学习不是。

——玛丽·肯尼迪

动机非常重要，在学校里格外重要。

当学生动机十足时，他们的注意力会更集中，会付出更多努力，会更有毅力，并且能够更独立地完成学习任务。

有动机的学生会更认真地投入到课堂学习中。当动机与高效的课程及教师指导相结合时，学生会学到更多的知识，教师教起来也更愉快。

当缺乏学习动机时，学生则很容易分心，学习效率不高，需要不断的劝说才能完成学习任务，这就导致他们几乎记不住所学的知识。

缺乏动机的学生会对学习冷漠并经常逃课。因此，他们常常进步很慢，教他们的教师也常常很辛苦。

动机影响着学生的行为、学习和生活。此外，动机还会影响教师的满意度和幸福感。动机是我们应该努力去考虑的关键因素。

核心观点

动机影响行为、学习和幸福。

尚未破解的学习动机

动机很重要。然而，我们还没有把动机作为一种专业来破解。我们在这方面还没有足够强大和持续的影响力。

目前，教育体制内学生的学习动机差别很大。在任何时候，在大多数学校中，总有一部分学生的学习动机很强，一部分学生则一点儿动机都没有，还有一部分学生能够从更高层次的动机中获益。

除了普遍的差异之外，还有令人信服的证据表明：对于普通学生而言，动机水平在义务教育期间出现了势不可挡的下降趋势。学生在离开学校时，他们的学习动机没有刚上学时的强。

学习动机可能是我们还没有掌握的科学，但这种情况不是因为教师不想尝试。要知道教师是这个星球上最敬业的一个群体。

教师对动机还不能产生持续而强健的影响力，原因是我们对

“动机是什么，以及动机是如何工作的”缺乏足够普遍认可的、科学合理的理解。

作为教师，我们还没有驾驭学生学习动机的根本原因，不是我们缺乏献身精神，而是我们对动机还缺乏清晰的理解。

清晰理解动机并非易事

动机是我们应该努力去影响的要素。然而，这并不是一个容易理解的要素。

动机机制经过上千年的进化，帮助我们在激烈的竞争中获得生存并取得成功，在资源通常稀缺的世界里，竞争和合作永远都在相互抗衡，而我们的行动结果往往是不确定的。

由于这些条件的存在，人类的动机机制非常复杂。

此外，动机机制深深地嵌套在我们的大脑和生理机理中。它不仅作用于我们的神经突触，还作用于我们的基因和激素。我们很难将其分离，而且这常常超出我们的意识范围。

我们的动机机制不仅非常复杂，而且在很大程度上是看不见的。

核心观点

动机是复杂的、无形的，这导致人们很难理解它。

考虑到这一点，清晰理解动机并不轻松就不足为奇了。我们不能只是打开人们的脑袋看看里面是什么，“试错”不足以准确的洞察，而自省本身并不能产生启蒙的原始材料。

如果我们真的想要理解和影响动机，我们就必须超越自己的体验。我们需要研究动机的科学性。

即使如此，清晰理解动机仍非易事。我们所需要的知识分布在多个领域，受到重叠理论（overlapping theories）和复制危机[①]的困扰。坦白地说，这些有点混乱。

为了从科学中获得任何可操作的清晰理解，我们首先需要“驯服”这种混乱。

我们需要梳理出各个领域中持续存在的深具影响力的见解，将它们逐一破解，把它们转化成可以在教员休息室讨论的方式；并将它们转化为一种实践活动，类似于可以在一个炎热的周五下午与9年级学生一起做的实践活动。

没有这些，学校的动机将永远是一个谜。动机是一门难以捉摸的艺术，有些教师可能会在不经意间学会，但很多教师无论如何就是学不会。我们的影响潜力仍然有限。

---

① 又称复制性危机，是一种持续的方法学危机，指的是许多科学研究的结果难以或不可能复制。——编者注

然而，如果我们能做到驾驭并驯服科学，我们就能慢慢揭开学校动机的神秘面纱。我们将把动机变成一门所有教师都能掌握的学科。最终，我们将增强我们的影响力。

这就是我撰写这本书的目的。

核心观点

要影响动机，我们就必须从科学中汲取洞察力。

动机教学

这本书是我多年来研究和试图“驯服”动机科学的成果，是我帮助成千上万的教师和学校领导提高教学或管理水平的实践经验。

本书将来自多个领域的最佳可用证据联系起来，形成一个连贯的框架，用来提高学生在课堂上的注意力，激励他们努力学习。

然而，我所提供的既不是权宜之计，也不是万无一失的解决方案。教学工作极其复杂。改变教学方法需要时间和持续的努力。而动机只是成为优秀教师所需要的一个有机组成部分。

如果教师真的想增强自身对学习动机的影响力，那么还必须确保学生有机会获得出色的指导，拥有科学的课程体系，拥有全校范围内健全的行为体系。

记住这些忠告，让我们开始理解动机和影响动机的旅程吧。

本书的主要章节围绕动机的5个“核心驱动因素”展开。但在这之前，我们首先需要确保对以下两个问题有一个清晰和明确的理解：“什么是动机？动机是如何起作用的？”

如果你读过我的其他作品（《记忆教学法》《精益备课法》

等），你就会知道事情的来龙去脉。我尽量保持文字简明扼要，不用太多实例就能让你快速理解。书中特意设置了阅读延伸区，为你提供了大量的阅读指南，这样，如果你对特定主题想了解更多见解，你就可以据此进行深入研究。

到了学习新内容的时间了。拿好荧光笔，准备开始深入学习动机机制。

精彩再现

- 动机影响行为、学习和幸福。
- 动机是复杂的、无形的，这导致人们很难理解它。
- 要影响动机，我们就必须从科学中汲取洞察力。

延伸阅读区

1. 有关动机影响范围的概要，可阅读比利时教育学家莫妮克·波卡特（Monique Boekaerts）的论文《动机和情感在课堂中的作用》（*The Crucial Role of Motivation and Emotion in Classroom Learning*）。

2. 对于动机的一些最新的经验证据，可阅读卡塔琳娜·克里格鲍姆（Katharina Kriegbaum）的元数据分析《动机在学校教育中的相对重要性》（*The Relative Importance of Motivation in the School Context*），以及约翰·杰里姆（John Jerrim）的调查报告《驱使下的成功？：青少年的动力、抱负和在高风险考试中的表现》（*Driven to Succeed?: Teenagers' Drive, Ambition and Performance on High-Stakes Examinations*）。

3. 对于动机的科学性，可阅读村山孝（Kou Murayama）教授的《动机的科学性》（*The Science of Motivation*）了解更多。

4.关于动机理解“混乱”现象的解释以及解决方案，可参阅斯图尔特·里奇（Stuart Ritchie）的著作《科学研究中的迷幻行为》（*Science Fictions*）。

5. 有关“重叠理论”的进一步解读，可阅读大卫·斯科特·耶格尔（David Scott Yeager）的论文《教育中的社会心理干预：它们不是魔法》（*Social-Psychological Interventions in Education: They're Not Magic*）。

2

动机机制

你不能改变你不理解的东西。

——斯科特·特卡

如果我们想要影响动机，那么我们首先要理解动机。要正确地做到这一点，我们就得先退一步，从教育的基本要素开始：注意力。

注意力是学习的看门人。我们所注意的最终就是我们所学到的①。

① 我在我的另一本著作《记忆教学法》中，费了很多笔墨叙述这一观点。我强烈建议你在阅读这部分内容时，能够结合《记忆教学法》——作者注。

然而，我们的注意力是有限的。和所有人一样，学生一次只能专心做一件事。这种认知约束对教学会产生很大的影响。

课堂可能是让学生大脑变繁忙的地方。在任何时候，我们的学生都面临着争夺注意力集中的激烈竞争。从教师的声音到写在黑板上的板书，从角落里的蜘蛛到某个同学的新鞋子。

面对这些竞争，我们的学生必须有办法决定如何分配他们有限的注意力。这就是动机的作用。

动机是一种精神系统，它能筛选我们所能获得的机会，决定我们应该关注哪些方面。

核心观点

动机是一种分配注意力的系统。

这是一种思考动机的有效方式，尤其是在学校。它不仅使动机变得更加切实可见，而且还将其与学习直接联系起来，因为学生会被激励去做的事情就是他们所关注的事情，他们所关注的就是他们所学到的。

这一观点也有助于明确学校课程和教学的核心作用。我们的学生可能动机很强，但如果我们没有帮助他们在正确的时间做正确的事情，他们几乎什么都学不到。

单凭动机本身是不够的。为了充分促进学习，教师至少需要同样认真地思考我们教什么内容以及使用什么策略去教。

将动机系统视为投资引擎

我们的动机系统是如何决定将我们的注意力分配到哪里的？在最基本的层面上，动机系统评估我们现有的机会，并预测哪一个将会产生最大的投资回报。

投资回报是一个复合概念，是由3个相互作用的要素产生结果：

- **价值**。如果我们把注意力集中在这里，无论是个人还是群体，会有什么好处呢?
- **期望**。如果我们确实投资，那么我们获得这些收益的机会。
- **成本**。我们需要付出注意力的多少和努力程度。

能够提供给我们最大价值、最高期望和最低成本的机会，才是最能吸引我们注意力的地方。

从本质上讲，我们的动机系统是一个投资引擎，它不断地押注于如何最好地分配我们宝贵的注意力。

核心观点

动机将注意力分配到最佳的投资上。

这个过程的结果不仅决定了我们将注意力分配到哪里，而且决定了我们应该分配多少。动机决定着我们最初的选择和持续的努力。

这就是为什么韧性和坚毅被认为是动机的副产品。我们对某件事的动机越强，我们就会对做成这件事越执着。

动机在很大程度上是一个无意识的过程

我们的动机系统可能是一种投资引擎。然而，这并不意味着我们要像做电子财务报表那样，有意识地计算我们面临的每个机会的价值、成本和期望。

在任何时间，我们都面临着太多的机会，其中许多机会错综复杂、不断变化。

想象一下，一个学生在面临的每个十字路口都试图找出最佳的行动方案：

我应该集中精力听老师讲课吗？结果会怎样？对我和我在乎的人会怎样？现在和以后都认真听课？我这么做，别人会怎么看我？这将如何影响我的未来？

还有无数的问题摆在学生的面前……

仅仅是做决定的认知需求最终就会消耗掉学生所有的注意力，更不用说留给投资机会本身的注意力所剩无几。

任何试图有意识地对我们面临的每一个决定进行推理的动机系统都会完全牵绊住我们的脚步，让我们停滞不前。生活涵盖方方面面，我们的意识注定无法处理一切。

因此，我们很少使用有意识的推理。而对于其余的决定（有很多），我们的动机系统更多的是遵从无意识的处理[①]。

核心观点

动机在很大程度上是一个无意识的过程。

启发法

为了应对如此丰富和复杂的机会，我们的潜意识经常会使用“决策快捷方式”。这些“经验法则”有更正式的术语，我们称之为“启发法”。

例如，在计算成功的概率时不去考虑每个变量，我们可以简

① 这就是丹尼尔·卡尼曼称作“系统1”的思维系统。——作者注

单地遵循之前的成功率：我以前这种任务做的效果如何？

通常，这些捷径依赖于我们的社会环境。例如，当某个机会的价值不明确时，我们可以看看周围的人是否在做这件事：其他人似乎都在努力完成这项任务，所以……

启发法已经经过了数千年的凝练，使我们能够快速做出决定，在很多情况下都能获得足够好的结果。

启发法使我们能够在复杂的世界中得以生存和发展，但是它们“节俭”的天性也意味着，关于对事情投入多少关注程度，不同的人很容易得出不同的结论。

对一些学生来说，这会使他们聚精会神地听教师讲解第一次世界大战。然而，对另一些学生来说，这会使他们目不转睛地盯着一个在窗边走动的同学。

受情感影响

启发法常常受到情感影响。这指的是我们身体的化学物质和心理回路如何影响我们的决定，而不是我们的“感觉”（尽管这可以联系起来），或者我们向别人展示的东西。

情感是一种强大的力量，经常会推翻我们经过深思熟虑后做出的决定，把我们置于一个奇怪的位置，这时候我们会做一些本来不会有意识地去做的事情。

这种内在的紧张关系是我们对巧克力又爱又恨的依据，也是我们使用社交媒体时产生不安的依据，还是我们在许下新年心愿时难下决心的依据。

这也是为什么教师总爱跟学生讲这样一个推论：你们自己的注意力永远不会是一个完全可靠的策略，尤其是当老师的建议与你们的情感机制不一致时。

不管教师在课堂上的讲话有多鼓舞人心，逻辑有多缜密，如果学生觉得提出问题会招致其他同学的嘲笑，那么就很少会有学生愿意在课堂上问出更多的问题。

公平代价

作为职业教师，我们非常重视有意识的推理，这是正确的。有意识的推理是教育的支柱，让我们超越了人类这个物种的本性里不那么文明的方面，并塑造了我们自己的道德指南针。

可以理解的是，我们可能会警惕这样一个前提：我们的大部分注意力和行动都是高度自动化的、情绪化的。

然而，如果没有有意识的推理，我们就没有能力在需要的时候进行有目的的思考。

无意识处理是为学习能力、批判能力、或许最重要的是为作为人类所付出的公平代价。

作为教师，如果我们真的想影响学生的注意力和努力，那么我们就必须采取一种方法来充分反映无意识的动机机制。

精彩再现

- 动机是一种分配注意力的系统。
- 动机将注意力分配到最佳的投资上。
- 动机在很大程度上是一个无意识的过程。

延伸阅读区

1. 要了解更多关于注意力和动机之间的重要关联，可阅读杜安 · 夏尔（Duane Shell）的论文《统一学习模型》（*The Unified Learning Model*），或者参阅大卫 · 菲尔顿（David Feldon）的研究《作为动机成本的认知负荷》（*Cognitive Load as Motivational Cost*）。

2. 关于动机的投资回报，如果你想了解更多，请阅读与“期望价值模型”有关的读物。

3. 如果你想了解更多关于坚毅与动机的关系，请参阅马库斯 · 克雷德（Marcus Credé）的论文《我们该如何应对坚毅呢？》（*What Shall We Do about Grit?*）。

4. 对于“动机系统更多的是遵从无意识的处理”的观点，如果你想了解更多，可阅读丹尼尔 · 卡尼曼

（Daniel Kahneman）的著作《思考，快与慢》。

5. 启发法是超级有趣的方法，有一种叫“快速节俭启发式”，如果对此你想要了解更多，请参阅马库斯·拉布（Markus Raab）和格尔德·吉仁泽（Gerd Gigerenzer）的论文《简单的力量：一种快速而节俭的性能科学启发式方法》（*A Fast-and-frugal Heuristics Approach to Performance Science*）。

6. 有意识和无意识过程之间的相互作用是迷人的，并不像通常暗示的那样明确。如果想要了解更多，可参阅与决策科学或深层理性相关的读物。

3

学习动机

我们缺乏的仍然是将所有理论转化为可塑造的实践模型。

——罗伯·科

读完上一章，我们获得了一个重要的启示，即动机是我们面对机遇时的一种特定反应，而不是我们自身的一般性格特征[①]。

一个没有学习数学动力的学生可能会很有动力去玩《我的世

① 无益的是，我们往往倾向于假设相反的情况。这种认知偏差被称为“基本归因错误”或“对应偏差”。——作者注

界游戏》(Minecraft) 游戏。甚至学生连玩游戏也可能会根据他们所处的环境和当时的目标而改变。

这就是为什么仅谈论某个学生是否有动机没有助益，而且是不准确的。

相反，在特定的时间、特定的地点，针对特定的事件，讨论激励某个学生去做某事会更有成效。

核心观点

动机是对情境的特定反应，而不是普遍的特征。

这种情境特异性阐释了为什么励志海报和励志名言很少能产生持久的影响。

它们针对的是动机的大规模改变，这可能会让学生在集体活动中感到更有活力，但在周五下午学习力学时，学生却没有多大动力。

把动机看作是一种具体的反应，而不是一种普遍的特征，这种细微差别是教育界不同于其他领域的关键所在。这个观点赋予人力量，因为机会的吸引力比学生的性格更容易改变。

但这也令人深思，因为教师为学生提供的机会吸引力往往很容易被学校本身的属性所削弱。

动机并非是给定的

如今，人们期望孩子们学会人类花费了几千年的努力积累才理解的东西。

教师在学校教的东西本身就要求学生努力学习，而且所授知识的价值并不总是显而易见或立竿见影的。如果任由学生们自己学习，很少有人会发现自己有充分学习这些东西的动力。

即使学生们带着天生的好奇心来到学校，除非教师采取正确的措施，否则学习动机很容易走下坡路。

如果教师不加以管理，那么学生可能会在毕业时对一些科目感到冷漠（甚至鄙视），尽管我们花了多年时间让学生学习这些科目。

往好了说，我们只是痛失良机。往坏了说，这是对学生青春的嘲弄。

教师不应该期望学生带着固定的学习动机走进学校。

相反，作为教师，我们必须预测学生的可变动机，承担相应责任，并准备好应对措施。我们必须采取持续主动的方法来培养学生的学习动机。

核心观点

学习动机是我们必须积极培养的要素。

学习动机的核心驱动因素

如果我们真的想要激发学生的学习动机，那么，我们需要影响学生如何评价我们提供给他们的机会。

为了实现这一点，我们必须像管理启发式系统（决策捷径）性质的方式那样，管理好学生在学校的经历和学习环境。

我们有很多方法可以影响学生的注意力和努力，第二幕即将拉开，在接下来的内容中，我将带着你探索最强大的方法。

我整理出一个学习动机框架（见图3.1），其中包含了5个核心驱动因素，以及我在开篇章节所探讨的核心观点。

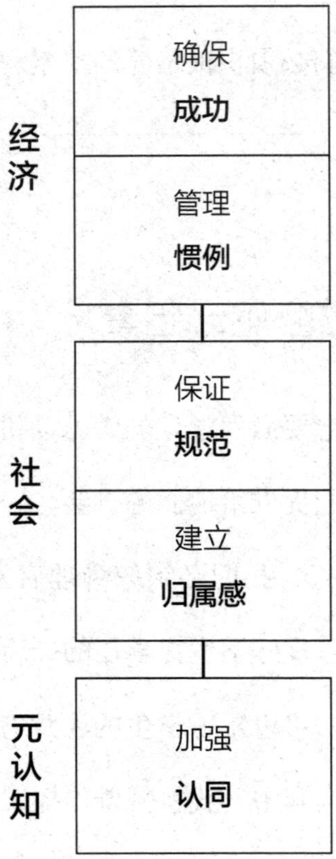

图3.1　学习动机框架：学习动机的5个驱动因素

前两个驱动因素，成功和惯例，在本质上与经济关系很大。它们是关于学生如何评估我们所提供的机会的价值、期望和成本[①]。

接下来的两个驱动因素，规范和归属感，在本质上更具社会性。它们关乎着他人的态度和行为是如何影响我们的经济评价的[②]。

最后一个驱动因素，认同，本质上属于元认知。是关于在结构化的学校环境中，我们如何满足自主性的偏好。

这5个驱动因素为所有教师提供了一个可以实际运用的学习动机行动框架。它们取现有最佳理论的精华，并将其转化为可塑造的实践模型。

---

① 同动机的价值—期望—成本模型非常接近。——作者注

② 同瑞安·理查德（Ryan Richard）的自我决定理论类似。——作者注

核心观点

我们可以通过应用5个驱动因素，系统地构建学习动机。

在本书的第二幕，我安排了5个章节的内容来详细地拆分学习动机框架，每章分别对应一个驱动因素。在此之后，在本书的最后一幕，我会将这5个驱动因素整合在一起，讨论作为教师的我们如何亲自运用这个框架。

乐趣和奖励

我没有将乐趣和奖励这两种常见的策略归纳进学习动机框架。

- **让课程充满乐趣。**比如，设计一个围绕足球主题的课程来吸引狂热的球迷。
- **提供简单的奖励。**比如，奖励学习最努力的学生糖果或贴纸。

乐趣是生活的重要组成部分，以上两种方法有时可以激励学生。但是，它们不能成为框架的一部分，因为学生的注意力会被乐趣或奖励本身分散掉，从而让学生忽略学习机会。

简而言之，乐趣和奖励是外部驱动因素，而不是内部驱动因素。

在外部驱动因素的情境下，我们很容易发现学生想得更多的是足球，而不是教师所传授的知识。乐趣和奖励根本不是培养学生学习动机的长期有效策略。

在最好的情况下，外部驱动因素的影响是短暂的。就像我们拉橡皮筋一样，一旦移除这些外力，动机就会回到之前的水平。

在最坏的情况下，外部驱动因素可能会产生有害的影响。假设献血是有偿的，人们收到的信息是献血活动是不受欢迎的，这种行为会导致人们献血的积极性比以前更低。

我们要确定出需要使用外部驱动因素的临时脚手架，然后尽可能少地使用它们，并尽快将它们移除。

相反，我接下来要介绍的原则和策略是内部驱动因素。如果教师们能够有效地运用它们，将会帮助学生将注意力吸引到学习机会本身。

因此，我们应该尽可能多地使用它们，并尽可能长时间地保留它们。

有效实施

这5个驱动因素并非是按照先后顺序排列的。它们不需要按顺序排列。然而，这些因素具有相互叠加的力量。在任何特定时刻，每个因素越活跃，效果就越好。

虽然这5个核心驱动因素的设计主要是为了激发学生的学习动机，但它们有时也会抑制动机。例如，为了减少学生对分心事物的注意力，我们可以简单地逆向操作：降低期望，增加成本，减少归属感等。

无论采取哪种方法，重要的是要认识到本书所传递的动机教学法是一种长期的方法。预期的变化可能需要一段时间才能出现，而且变化在开始时是缓慢而温和的。

此外，人类行为的高度社会性意味着你同事的行为和普遍接受的学校文化会对你的课堂产生持久的影响。

这就是为什么构建动机教学法最好是集体行动。每一位与你保持一致的同事都会为你和你的学生（以及他们和他们的学生）带来成倍的益处。

同样地，分享这本书里的观点也会产生如此效果。但要注意如何做。如果没有对核心观点和细微差别的精准理解，我们就会酿造“致命”突变的风险：这种做法弊大于利。

本书中列出的工具会增强教师在课堂上的潜力。与任何工具一样，它们可以用于各种目的，有些工具比其他工具更有效。

作为教师，我们比以往任何时候都更需要运用我们的道德判断。真正的专业精神要求我们把职业道德原则放在核心位置。

而专业判断也需要知识。所以，闲话少说，让我们进入核心驱动因素的篇章。

精彩再现

- 动机是对情境的特定反应，而不是普遍的特征。
- 学习动机是我们必须积极培养的要素。
- 我们可以通过应用5个驱动因素，系统地帮助学生构建学习动机。

扪心自问

吾日三省吾身，请时常扪心自问：

在我的教学中，是否有因准备太多的趣味活动而剥夺了学生的注意力的时刻？

如果有的话，我该如何将注意力还给学生？

我为什么要这么做？

延伸阅读区

1. 关于让学生自己学习，他们很难有充分的学习动力完成全部学习的观点，如果你想了解更多，可以参阅丹尼尔·卡尼曼的论文《专家直觉中的条件》（*Conditions for Intuitive Expertise*）中低效度环境（low validity environment）的观点，或者参阅大卫·吉尔里（David Geary）关于进化脑（evolved mind）的论述。

2. 关于内在动机与外在动机之间的差别，如果你想了解更多，可参阅论文《内在动机的新兴神经科学》（*The Emerging Neuroscience of Intrinsic Motivation*）或者《重新审视奖励对于学习动机的作用》（*Revisiting the Role of Rewards in Motivation and Learning*）。

第二幕

动机教学法的5个驱动因素

4

因素1：确保成功

> 好教师有这种能力：学生走进教室后，开始关心他们以前不关心的东西。
>
> ——迪伦·威廉

我们的动机很大程度上受我们对未来成功预期的影响：如果我们投资于某个机会，我们就很有可能将为我们自己或我们的团队获得利益。这种可能性标准被称为期望[①]。

① 也称为“自我效能”。——作者注

人类进化出这样一个标准是有道理的。在可供分配的注意力非常有限的情况下，在不太可能产生结果的机会上疯狂投资是不理智的。

预期在很大程度上取决于之前的成功率。我们在过去越成功，我们就越有可能在未来投资类似的机会。

在课堂上取得成功的学生往往能够应对更多的挑战，能够更好地实现自己的想法，能够从更广泛的视角看待问题。

期望是脆弱的

期望很强大，是推动学习的有力因素；期望又很脆弱，也会让人逃避学习。

教师教的东西，学生很难掌握。在学校里，持续获得进步往往需要学生时刻不松懈。学生失败的风险一直存在，与之相关的代价可能很高：焦虑、自我伤害、地位丧失。

如果没有成功的坚定信念，最初的努力可能很快就会消退，取而代之的是冷淡，最终是逃避。

随着时间的推移，反复的失败会招致根深蒂固的信念。比如：我做不到，我不擅长学西班牙语，这样做毫无意义。如果不加以管理，这些信念就会成为自证预言，说得多了，就会成真，并为未来的学习设置下障碍。

那些教过有类似信念学生的教师都知道，这些信念的破坏性极大。低预期的代价可能是灾难性的，而且非常顽固，难以逆转。

如果想要学生的学习动机达到最优效果，作为教师，我们就必须采取深思熟虑的方法才能确保成功。

高效教学

确保成功并不是把学习任务变得容易，而是帮助学生做他们以前做不到的事情。

我们希望学生在回顾自己的学校时光时，他们的平均成功率至少达到80%，这是一种大致的经验法总则。教师可以通过以下两种方法帮助学生实现这一目标：

- **精准提供学习体验。**教师可以为学生提供有挑战性的学习体验，但是要尽可能确保每个学生都能从中有所收获。
- **把学习的颗粒组块。**把学习观点和学习过程化整为零，让学生循序渐进地学习，然后积少成多。

当然，如果教师能把知识点讲解清楚，并能为学生提供反馈，让课程一直按照教学计划进行，也会大有助益。简而言之，期望（以及动机）在很大程度上是高效教学的一种结果。

构建成功

成功具有主观性，这是教师培养学生有期望感所面临的挑战之一。我们通过意义这个滤镜对以往的经验进行过滤。一个学生的成功很容易成为另一个学生的失败。

无论教师们教得有多好，有些学生仍然将他们的学习经历定义为失败。因此，为了完全锁定成功，作为教师，我们还需要构建成功。实现这一目标的方法包括：

- **抢先一步。**一定要抢在学生之前，不要把成功留给学生解读。在学生定义成功之前，就先给成功下定义。举例说明成功是什么样子的，不是什么样子的。在学校里、教室中或是课堂上，无论你在哪里看到成功，你都要迅速喊出：

"这就是成功。"

- **使用正确的指标。**对学生的成绩进行反馈。和学生探讨他们知道什么或者能做什么，而不是他们在某个作业上的进度。

- **自我参照。**将学生的进步与其过去的表现相对照，而不是与他们同龄人的成绩对照。

在构建成功的同时，教师也可以尝试直接影响学生对期望的看法。例如，我们可以通过反复传递信息的方式，或者借助我们的言语和行动，向学生传达这样一个积极的信号：我相信你们可以做到。

然而，作为教师我们必须要小心，不要过度承诺。告诉一个学生：你很擅长数学，或者你一定能做到。但是如果现实是，这个学生的数学就是不好，那么，你的这种鼓励的影响力就不会维持太久。成功的承诺没有兑现，最终只会削弱学生的动机，破坏信任。

准确归因

期望不仅受我们如何解释自己的表现所影响，而且还受我们所认为的导致这种表现的原因所影响。

只有当学生相信他们是成功的，并把原因归结于他们自己（他们的努力、能力和方法）的时候，他们的期望才会提高。

如果他们认为成功是外部因素的结果，比如考试不公平，老师有偏见，或者只是运气不好（或运气好），那么他们的期望将保持不变。

最糟糕的情况是，学生总把失败归咎于自己——他们的努力不够，能力太差和方法不佳——并相信这些因素是他们无法控制的。

为了使期望实现最佳化，我们必须帮助学生理解：失败可以改变，成功可以持续。我们必须帮助学生做出正确的归因。

为了帮助学生实现这一目标，我们可以：

- **稳定环境。**提供学习经验，让学生掌握自己的结果。减少外部因素的影响，并在可能的情况下，提供客观的成功措施。
- **明确归因。**定期指出学生成功和失败的原因。帮助学生看到努力和方法是如何发挥作用的。
- **聚光灯式地改进。**经常回顾过去，看看取得的进步，向学生证明他们的熟练度是可塑的，他们可以直接影响事情的结果。

减少失败

期望容易破灭，而难以发展。在学习的最初阶段，期望是最脆弱的。最初阶段，只有很少的经验可以借鉴，每一个早期的成功或失败都会对学生的学习动机产生极大的影响。

然而，无论教师怎么努力，学生还是可能会面临失败。这是学校教育不可避免的一部分，可能也是人生中重要的一课。

所以，在这些早期的经历中，我们不仅要有意识地努力确保成功，而且还要采取措施减少失败。要实现这个目标，我们可以：

- **先发制人。**告诉学生，失败是学校学习和生活中很自然的一个组成部分，是符合预期的。这种情况以前在别人身上发生过，而现在要发生在他们身上了。
- **重新定义。**把失败当成一次学习机会来庆祝[①]。这也可以消除伴随失败而来的不可避免的负面情绪影响（以及潜在的认知损害）。然后，快速前进；或根据需要“重新开始”。

---

① 这是道格·莱莫夫所说的“犯错文化”。——作者注

- **重新归因。**如果学生听从教师的指导并努力学习，但是仍然失败了，那么这更有可能是教师在运用整个方法体系时失败了。例如，教师的“精准提供学习体验”和“把学习的颗粒组块”没有做到位。

幕间小话

犯错文化：让学生敢于犯错，勇于在错误中总结经验

让犯错不再可怕，要让学生放弃自我防御或隐藏错误。课堂是师生通过一言一行共同建立的文化，单单靠教师无法建立敢于失败的文化。如果有学生答错题，其他同学嗤之以鼻，或者当学生在努力答题时，其他同学却不耐烦地挥手，即使教师竭尽全力，也难以让学生心甘情愿地暴露自己的错误。因此，教师必须纠正学生对同学学习困难的看法；要营造学生在学习的艰难过程中，积极地提供相互支持的文化；要接受、承认、分析研究自己在课堂上公开犯的错误。总之，犯错文化包括四部分：期待错误、隐瞒答案、控制暴露心理的举动和表扬冒险。

精通的力量

随着时间的推移，如果遇到的挑战水平正合适，我们就会不断取得成功，这不仅能提高我们的期望，而且还能提高我们的精通度。

精通显然是一个理想的结果，是教育的核心目标。然而，从动机的角度来看，它也是有利的，因为精通提高了机会的感知价值。精通通过培养以下要素来达到目的：

- **作用。**我们知道的越多，我们在世界上的行动力就越大。
- **好奇心。**我们知道的越多，我们就越会努力去填补理解上的空白。
- **敬畏。**我们知道的越多，世界就变得越奇妙。
- **流利。**能够快速准确地做事情是一种令人满足的感觉。

- **沉没成本。**越来越精通意味着这件事肯定值得投资，对吧？

我们越精通，我们对价值的感知就越强，我们在碰到类似的机会时，就会在上面投资更多。当成功达到精通的程度时，动机作为学习的驱动因素，就成为学习的产物。

促进这种互惠关系是高效教学的复利，也是锻造持久动机最可持续的方法。

因此，如果我们关心建立长期的动机机制，就必须优先考虑精通度。精通是教育的终极自我驱动引擎。

学术身份

重复的成功会让人在越来越“深入”的层面上产生期望。当这种情况发生时，我们构建叙事话语进行解释，并给这些反复出现的情感体验赋予意义。

随着时间的推移，学生可以从“告诉自己我能回答这些问题”，到“告诉自己我能做分数题”，再到“我擅长数学”。最终，如果我能将这种成功复制在我所有的科目里，有些学生甚至会认为：我是一个很优秀的学习者。

随着学生自身的期望增加，他们对挑战的容忍度也提高了。虽然失败在增加，但是他们对成功的看法变得更加微妙。随着时间的推移，我们可以更努力地激励他们，而不必担心成功率会降低。

要达到这个目标，可能需要师生多年来的合作努力。然而，这是完全值得的。把学生培养成忠诚的终身学习者是我们能给予学生最好的礼物之一。

核心观点总结

- 帮助学生捕捉成功的高光时刻，让他们回顾。
- 构建成功的含义，帮助学生准确地定义成功。
- 减少失败。

扪心自问

吾日三省吾身，请时常扪心自问：

我是否帮助学生定义过什么是成功？

在我的课堂上，当我犯错时，我是不是一笑而过？我要如何改进？

如果学生嘲笑其他同学犯错，我该怎么做？

延伸阅读区

1. 关于成功与动机的更多信息，请参阅莫妮克·波卡特（Monique Boekaerts）的论文《动机和情感在课堂中的作用》（*The Crucial Role of Motivation and Emotion in Classroom Learning*）和苏珊娜·海蒂（Suzanne Hidi）的论文《重新审视奖励在动机和学习中的作用》（*The Crucial Role of Motivation and Emotion in Classroom Learning*）。

2. 罗森珊（Rosenshine）在《教学的原则》这本书里普及了“80%规则”这个概念。

3. 对于期望受到我们所认为的导致这种表现的原因所影响这一观点，如果你需要了解更多，请参阅苏珊·安布罗斯（Susan Ambros）的著作《聪明教学7原理》。

4. 如果想了解更多的“犯错文化”，请参阅道格·莱莫夫的著作《像冠军一样教学2.0》中“采取有把握的行动，建立犯错文化”。

5.《自我概念与成就相互影响》(*Reciprocal Effects of Self-concept and Achievement*)也有很多实例，欢迎阅读。

6. 如果你想了解更多的“学术自我概念”，请参阅《学生学习动机对学业成绩的影响》(*The Importance of Students' Motivation for Their Academic Achievement*)。

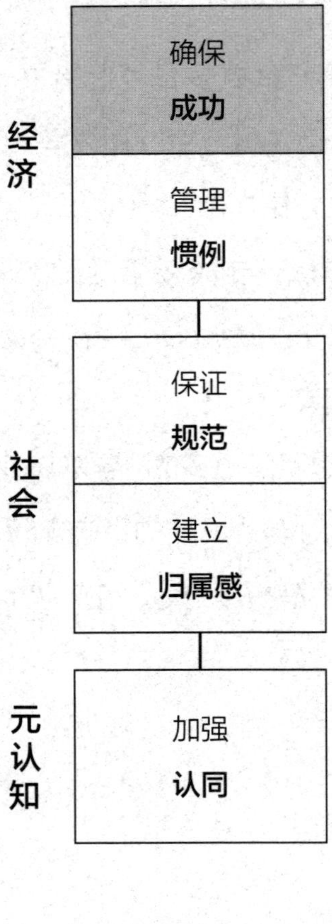
确保
成功
经济
管理
惯例
保证
规范
社会
建立
归属感
元认知
加强
认同

5

因素2：管理惯例

大多数时候，我们所做的是我们大部分时间都在做的事情。

——汤森德、毕弗

价值和期望是动机的重要影响因素。然而，还有一个经济因素对我们的注意力分配也有很大的影响：成本。

成本是指我们认为需要投入多少精力和努力获得某个机会的

好处。成本越低，我们就越有动力[①]。

许多人都意识到会说第二种语言的好处，并相信他们有能力实现掌握双语的目标。

然而，很少有人仅仅因为付出努力就能实现目标。如果我们每个人都能在一天之内学会一门语言，我们早就生活在一个超级多语言社会了。

如果我们想在课堂上最大限度地激发学生的学习动机，我们就必须考虑学生能学到课本外的东西——同时，我们还必须认真考虑他们需要付出什么。

① 这是行为经济学的基本原则之一。——作者注

学习经济学

在生活的许多方面，只要让任务变得更容易，就可以降低成本。我们可以从一键购买和户户送（Deliveroo）①的兴起中验证这一点。当一件事不需要那么多努力时，我们的投资回报评估提示我们，有必要采取行动。

然而，降低学校教育成本并非易事。教师所传授的知识天生就需要学生努力去获得——它们需要持续的注意力和持续的意义建构。如果教师事事精简，学生学到的东西就会少得可怜。

因此，尽管从动机的角度讲，付出的努力越少越好；但是从学习角度讲，努力的程度越高，越有助于推动学生学习。我们如何应对这种左右为难的、无比棘手的教学困境呢？

---

① 外卖递送服务平台。——编者注

答案的关键在于区分“学习什么”和“如何学习”。

以上两者都有助于学生的整体努力，但有可能减少“如何学习”产生的需求，同时保持“学习什么”所需的努力。这需要让学习过程变得简单，同时保持学习内容具有挑战性。

实现这一目标的最有效和可持续的方法之一，就是教师在自己教授的课程中对惯例进行管理。

惯例剖析

惯例帮助我们节省了冗杂的决策成本，帮助我们缩减了必须处理的新信息量，并最大限度地减少了我们对重复做的事情的思考。

教学惯例利用课堂的注意力经济[①]要素来帮助学生更快地掌握学习难点。

惯例是由特定的提示或“线索”而引发的一系列动作，这些动作经常重复，由此演变为一种无意识的自动反应。它们在群体中以约定俗成的规则的方式呈现出来，是生活中“如果—那么”模型的推算结构。如果X发生了，那我就做Y。

学校的日常惯例分为两个方面：

- **行为规范**。良好的行为规范能为学生创造更多的学习时间。例如，可以为学生布置一个布局合理的教室入口或出口。
- **教学常规**。良好的教学常规可以帮助学生充分利用学习机会。例如，可以为学生精心设计一个课堂提问或讨论环节。

① 是将人类的注意力作为一种稀缺的资源并且运用经济学理论来进行运营。最早提出这一概念的是美国的迈克尔·戈德海伯（Michael Goldhaber）。诺贝尔奖获得者赫伯特·西蒙（Herbert Simon）对此指出：在如今这种信息高速发展的时代中，注意力的价值将会超过信息。——编者注

值得一提的是，教师这个群体自教学以来就一直落实日常惯例规则。想想看，在你周围的教学中，这样的例子是不是比比皆是。如果我们想获得启发，那么就需要用正确的眼光去看待。

也曾有人尝试修订日常行为规范，以使其更具效力。

幕间小话

首字母式行为规范

STAR①行为规范：坐直身子—听讲—像学者一样提问和回答问题—尊重周围的人

SLANT②行为规范：坐直身子—聆听—提问和回答问题—点头—追踪讲话人

---

① 分别指代“Sit-up-Track the speaker-Ask and answer questions like a scholar-Respect those around you”。——编者注

② 分别指代“Sit-up-Listen-Ask and answer questions-Nod your head-Track the speaker”。——编者注

同伴互助和资源调用是完善日常惯例的有效途径。然而，教师也需要形成独具个人特色的教学风格和体系。

建立切合实际的惯例，你需要仔细考虑两件事：

- **行动链。**明确你的学生会做出哪些行为。
- **线索提示。**什么会启动行动链？

行动链代表一系列的行为动作。比如我们在日常生活中有这样一个常见的连贯行为流程：起床—吃早饭—刷牙—穿衣服—上班。

理想中的行动链具有以下特点：

- **简易性。**一条简单的行动链，它的动作自然连贯且容易记忆，我们只需思考片刻便能完成。
- **明确性。**在可能的情况下，我们可以考虑为什么不把这一系列动作做完，而不是只做一半。这可以使你和你的学生推行和拥护这个惯例规则更容易。

- **按部就班。**第一个行动步骤的设置要简单，这有助于学生开始行动。这是一种微观投资，同时也建立了一种承诺，为其余惯例的顺利实施创造条件。

线索提示激活了行动链中的第一个动作。这些线索有的是人为的，有的仅隐匿于周围环境中：比如闹钟提醒我们该起床了。锁门动作意味着我们要拔出钥匙，把换下的鞋子摆好。

线索提示是行为中经常被忽视的一个方面。但如果没有线索提示，我们的日常生活便无法正常进行。

最有效的线索提示具有以下几种特征，让我们一起看看吧。

- **独一无二。**你给出的线索越独具特色，学生就越不会认为这是另一个动作的提示。比如，你应该不希望你的学生在你每次举手时都收拾书包吧。

- **多策并用。**将声音或言语、动作和位置结合起来，帮助学生理解线索。比如，你可以在某个位置，做一个手势，发出一个指令。
- **言简意赅。**我们的线索提示要像百米发令枪那样，简短有效。

随着时间的推移，教师可以让线索提示变得更巧妙。最终可能会达到这种效果，教师可能仅仅做个挑挑眉毛的动作，就会触发学生开展一系列复杂的连锁反应。

日常惯例通常是学校社会的软性基础设施的重要组成部分，然而它们并没有得到应有的重视。

随着时间的推移，学生会从课堂学习中经常重复的那部分内容中受益匪浅。教师应该自我反思：在我的课中哪些部分经常重复出现？如何让它们更好地发挥作用？

扪心自问

吾日三省吾身，请时常扪心自问：

在我的课中哪些行为动作经常重复出现？

如何让它们更好地发挥作用？

作为教师，当你为学生设计的日常惯例日趋完善时，你就要关注它们是如何相互作用的。那不妨考虑以下几点：

- **循序性**。将这些惯例串联起来，其中一个动作的结束，要有清晰的指示提醒要进行下一个动作。
- **可控性。**把惯例放在惯例中，你能做到多宏大呢？又能做到多细致呢？

教师可根据情况适当替换惯例，这可以使你的课程精简，避免冗杂。

有效推行

一旦制定好你的日常惯例，便可以实施了。

时机成熟时不妨考虑这样做：在“全新开始”时，比如考试后或新学期开学之际，学生往往最能接受，老师则最有干劲。

最有效的方法有以下几种：

- **明确步骤。**明确地告诉你的学生在每个步骤中，他们应该做什么，不要背道而行。
- **标注名称。**给每个步骤和线索标注一个通俗易懂的名字，这样更便于你和其他教师讨论和完善惯例。
- **支架教学。**考虑周围的事物来为你的教学服务。例如，教师可以借助闹钟、书籍或小纸条，让学生轻松地做正确的事。比如，和学生一起来为你们的教学活动做结构条（structure strips）[①]。

① 结构条（5厘米×28厘米）是一种写作指导，通常颜色鲜艳，往往放在页面边缘的空白处，帮助学生对需要完成的写作任务有更清晰的认识，一般包含学生需要写的段落或部分，清楚地列出指导、提示、关键词汇、得分点等内容。——编者注

结构条

伦敦码头区从多大程度上来说是一个成功的城市再造项目？

介绍

描述：伦敦码头区是如何改变的，为什么？
- 伦敦码头区在哪里？
- 1980年前它的功能是什么？
- 1980年后发生了什么？

成功之处

- 码头区功能改变的成功之处是什么？
- 码头区的复兴对于当地人民来说意味着怎样的成功？
- 土地利用变化的成功之处是什么？

回答关键词：医院、学校、设施、基础设施、市中心和社区

提示：要用事实和数据来支持你的观点。

失败之处

- 码头区功能改变的失败之处是什么？
- 对于当地人民来说，码头区的复兴是失败的吗？
- 土地利用变化的失败之处是什么？

回答关键词：医院、学校、设施、基础设施、市中心和社区

提示：要用事实和数据来支持你的观点。

结论

- 总结伦敦码头区复兴的总体成功。
- 总结码头区复兴的整体失败。
- 在多大程度上，伦敦码头区重建项目是成功的？

提示：使用具体的实证来支持你的观点。

图5.1 结构条用法示例——评估伦敦码头区

持之以恒

日常惯例是一种功能强大的工具，但只有当它们成为一种自发性的行为时，其优点才真正显露出来。

惯例变成自发性的行为所需的时间取决于其复杂性和执行频率。一个简单的惯例可能需要练习20次才能变成自发性行为。而对于那些更为复杂的惯例，练习的次数可能需要多达200次才能转化成自发性行为。

我们可以通过以下方式加快这一行为的转变：

- **保持稳定。**使线索提示与动作行为自始至终保持一致，当你需要时就执行惯例。
- **反复预演。**即使在你不需要的时候，也要坚持练习。你可以把这当成一种心理演练。

在这一过程中，人们会认为他们所付出的努力大于其价值，由此导致他们产生放弃的念想（这就是所谓的“热炉效应”）。

然而，如果你一直坚持就会发生质变，即你收获的价值超过了你所付出的精力。从那时起，日常惯例将给你带来很多好处。

这些惯例不仅仅能提高学生的学习动力和学习能力，对大多数学生而言，它们可以提高安全感和效能感，使学生变得更加自信。对教师而言，这减轻了他们的行为负担，从而以更加焕发的精神状态教学，使教学更具响应力。

核心观点总结

- 让学习过程更轻松，同时学习内容又不失挑战性。
- 可以通过设计行动链和线索提示来养成日常惯例。
- 持之以恒。

延伸阅读区

1. 关于成本与动机的关系，如果想了解更多，请参阅肯尼斯 · 巴伦（Kenneth Barron）的“期望—价值—成本模型”（expectancy-value-cost model）。

2. 关于“成本越低，我们就越有动力”这个观点，可参阅《助推框架[1]：运用行为洞见的四种简单方式》（*EAST: Four Simple Ways to Apply Behavioural Insights*）。

3. 有关制定惯例的更全面内容，请参阅詹姆斯 · 克利尔（James Clear）的《掌控习惯》。如果要在教育背景下更好地处理这个问题，请参阅汤姆 · 班尼特（Tom Bennett）的《管理课堂》（*Running the Room*）。

---

① EAST（Easy, Attractive, Social and Timely）框架的四种特质为简化、吸引力、社会性和及时性。——编者注

4. 对于建立切实的惯例，欲了解更多信息，请参阅詹姆斯·克莱尔提出的“习惯的四个阶段”②（The four stages of habit）。或者参阅斯蒂芬·古斯塔夫森（Stefan Gustafson）教授的作品《终身学习习惯：将行为洞察力应用于教学》（*Habits for Lifelong Learning: Applying Behavioral Insights to Education*）。

5. 关于日常惯例，如果你想了解更多，可参阅哈里·弗莱彻-伍德（Harry Fletcher-Wood）的论文《帮助学生保持习惯：运用行为心理学鼓励学生》（*Helping Students Maintain Habits: Encouraging Persistence*

---

② 分别为线索（cue）、渴望（craving）、反应（response）和奖励（reward）。但是需要注意的是，我在这里省略了“奖励”阶段。这是因为在课堂中的奖励被视为系统的内在属性，这是通过5个驱动因素实现的。——作者注

with Behavioural Psychology）。

6. 有关习惯养成的更多信息，请参阅本杰明·加德纳（Benjamin Gardner）的论文《使健康成为习惯："习惯形成"的心理学和通用实践》（*Making Health Habitual: the Psychology of 'Habit Formation' and General Practice*）中对习惯形成（habit formation）的阐述。

7. 日常惯例是提高教师专业知识的基石。欲了解更多信息，请参阅大卫·查尔斯·柏林（David Charles Berliner）的论文《描述专家教师的行为并记录其成就》（*Describing the Behaviour and Documenting the Accomplishments of Expert Teachers*）。

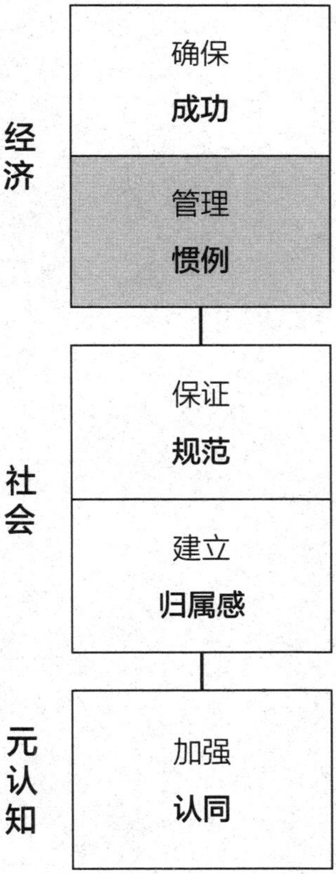
经济
确保
成功
管理
惯例
社会
保证
规范
建立
归属感
元认知
加强
认同

6

因素3：保证规范

一犬吠影，百犬吠声。

——中国谚语

我们会偏向于那些具有高价值、高期望和低成本的机会。然而，在复杂多变的世界里，我们却很难判别这些机会的属性。

因此，我们一边纠结将注意力投入到何处最佳，一边发现自己的行为态度又已经深受他人影响了。

这种“效仿”下的捷径有其存在的道理[①]。如果我们身边的人都这样做了，那就说明至少这种结果不会太坏。

在特定情况下，当社会中大部分人的行为方式类似时，其他个体受到的影响就更加明显。这些“不成文的社会准则”就是我们所说的社会规范。

一个便捷可靠的选择

因其自身魅力，社会规范变成一种投资注意力的方式。与此同时，迫于同龄人的压力，我们也不得不遵守这些规范。

这是因为规范在群体合作中发挥着不可或缺的作用。

通过劳动分工和规模经济等机制，群体合作可以帮助个人和

---

① 有时被称为社会认同，根据社会认同原理，人们经常依据其他人的行为来决定自己应该怎么做。——作者注

集体取得成功。但是，只有当群体中的个体行为一致并且可预测的时候，才会有成功的可能性。

想象一下我们在电影院里看电影或者在酒吧里享乐时，没有人会提示你要规范自己的行为，你也不会从他人那里得到如何表现的暗示。但是，如果没有规范约束，那么整个社会将会杂乱无章。

我们由此逐步演化出一种经常性行为，产生了一种规范不仅要效仿还要执行的倾向。社会规范一旦形成，群体中的个体就会共同努力，惩罚那些不遵守规范的人。

惩罚的方式包括撤销头衔（以及收回先前获得的好处），如果在先祖时代，甚至还会被驱逐流浪，这严重影响我们的生存发展。

效仿他人不仅能增加我们的成功概率，还会降低失败风险。所以，遵守社会规范既高效又安全。

学校规范

规范在学校中扮演的角色与在生活中同样重要，而且可能还会更重要。这就是为什么教师能在1个小时内让全班学生认真地学习句子结构，而有些家长在同样的时间内只能让一个孩子穿上袜子（没错，我所说的就是我的亲身经历）。

规范的约束力大到超越了更正式的学校制度和规则。然而，从很大程度上来讲，即使在没有完全忽略规范的情况下，我们很容易低估它们的作用。我们会在无形中意识不到规范的存在。

这种意识上的缺失导致学校产生较强的挫败感。教师试图让学生改正那些不良规范——比如不问问题，不努力，或者不想更深入地学习——但这些努力可能会付诸东流。

规范的产生是必然的，我们对此无能为力。但这些规范的特点却在我们的影响范围内。

作为教师，如果我们想让学生获得学习动力，那么我们就必须承认并发挥群体行为对个人行为的影响，我们就必须推动规范的合理实施。

增加可见性

人们所遵守的规范主要来自对他人的观察。为了帮助学生调整学习动机，作为教师，我们必须改变学生所看到的东西。我们可以采取以下两点来使理想的规范更加有效：

- **普及规范。**让行为表现符合规范的学生占比最大化。
- **突出规范的重要性。**我们对于规范的遵守是自愿和难忘的。

普及规范仅仅意味着最大限度地内化规范。让尽可能多的学生行为符合规范。100%的采纳是最终结果——但是，如果存在的异议者只有一个，也不会影响到其他人的决定。

上述做法会产生这样的效果：当我们看到有人捡垃圾时，我们也跟着去捡，因为它是一个稍微安全的选择。特别是大家都在捡垃圾，自己不动手反而就成了一种风险。

增加可见性可以使期望中的规范更具表现力和影响力。我们可以指出我们所看到的积极行为，讲述它在其他情境下所发生的故事，甚至自己也可以通过模仿这种积极行为来让自己符合规范。

故事是塑造文化的有力工具。它们以编排、分块以及排序等方式整合信息，使其更富有意义，更令人难忘。

在叙事前，教师最好先明确所提倡的规范有哪些，阐明其背后的理由，并多为学生举几个发生在近期的例子。

如果没有成文的规范，我们可以举出一个新规范可行的证据。这样，就会有越来越多的人认可并采纳这一方法。

或者作为教师，我们可以直接将规范结果指认出来。比如向学生释放规范的信号，上交的成堆作业本或者学生进入教室时干净整洁的教室都是强烈的信号，这都向学生表明，他们要完成家庭作业，要保持教室的整洁度。

当教师对“理想”的实际含义有清晰的认知时，就能使规范趋于明显。要想提高规范的影响力，我们必须先明确我们想要什么。

增加认可度

我们对规范的认知不仅受到他人行为的影响，也与其态度有关。当一个群体对某一行为表示赞同时，即便他们不这样做，我们也能感觉到这一行为是合理的。

教师可以发出认可的信号——凡是允许的，我们就鼓励学生去做。但当得到同龄人认可时，这种效果会更加明显。

提高同伴认可的措施如下：

- **生生互相激励。**在一堂课结束时，让学生在班里找出那些能鞭策自己或支持他人的同学。
- **营造认可仪式感。**当学生在有目共睹的情况下表现得举止得当、态度友好时，要让全班同学给这位同学打一个响指或者为他（她）鼓掌。
- **发言交流。**定期要求学生到讲台上分享他们今天是如何高效学习的，或者是怎样克服学习障碍的。

经常接触正能量的榜样会使我们变得更加强大，原因就在于从某种意义上来说我们获得了同伴认可。当我们看到我们赞可的人取得成功，或者仅仅表现得像他们，相信自己也能够成功时，就激发了我们潜在的可能性。

规范的细微差别

在确保规范时，需要注意以下几点：

第一，规范性信息对我们希望发生的事情更有效，而不是我们不希望发生的事情[①]。

教师通过传递信息的方式来惩罚全班，比如说大多数人都没有做作业，对学生最多只能起到强化作用，根本威慑不到他们。

第二，规范性信息在新的环境中传达效果最好。这就是为什么班级成立之初，是值得我们花时间去把事情做好的最佳时期。因为规范一旦成立，就很难发生改变。

---

① 这有点像“破窗理论”。该理论认为，如果放任环境中的不良现象存在，就会诱使人们仿效，甚至变本加厉。——作者注

这也解释了为什么有的学校在新学年开始的头几天里，会赶在其他学校开学之前提前几天开设新课程。这类新课程提供了必要的余地，以便在其他学生开学前建立起理想的规范和惯例。

第三，认可的社会性质意味着，在学校内，不同群体的规范会自然而然地相互渗透。当这些规范相互抵触时，两者都会衰减；但如果它们相互支持，两者就能真正发挥其作用。

这就是“北极星准则”能在学校教学中处于核心地位，并能发挥强大作用的原因。

北极星准则

人们努力工作、志存高远、心怀善良时，北极星准则最能发挥其作用。而且整个学校都会支持他们，包括老师、同学、家长、学长、学姐，等等。

建立全校性规范需要全体教职工团结一致。实现这一点并不容易，需要我们共同为之努力。

同事之间的团结一致，不仅能提高学生的积极性，还能让教师们工作起来更轻松。这对任何人来说都不容小觑，尤其是对新入职的教职工。

核心观点总结

- 提高理想规范的可见性和显著性。
- 鼓励同伴支持。
- 强调希望发生的事情，而不是不希望发生的事情。

延伸阅读区

1. 对于人们深受他人行为影响这个观点，保罗 · 霍华德 - 琼斯（Paul Howard-Jones）在其著作《学习脑的进化》（*Evolution of the Learning Brain*）中有过更加深入的思考：在某种程度上，我们天生就喜欢与他人分享注意力。

2. 关于社会规范，如需了解更多，可参阅玛格丽特 · E. 坦卡德（Margaret E. Tankard）的著作《规范观念是社会变革的载体》（*Norm Perception as a Vehicle for Social Change*）。

3. 有关现代“Asch实验”（从众心理的实验），可参阅《大多数人都是绵羊》（*Most People Are Sheep*）。

4. 关于遵守社会规范既有效又安全，可参阅罗伯特 · B. 西奥迪尼（Robert B. Cialdini）的作品《社会影响力：顺从与从众》（*Social Influence: Compliance and Conformity*）了解更多。

5. 如需了解学校规范，可参阅汤姆·班尼特的新作《如何管理课堂》。

6. 想了解更多的策略和一般的行为改变，可参阅《改变：当改变很艰难的时候如何改变事物》（*Switch: How to Change Things When Change is Hard by the Heath Brothers*）。

7. 关于故事的作用，如需获得更多信息，可参阅丹尼尔·T.威林厄姆的作品《故事的绝对地位》（*The Privileged Status of Story*）和《心智与阅读》。

8. 可以阅读《聪明教学7原理》，了解更多关于增强认可的信息。

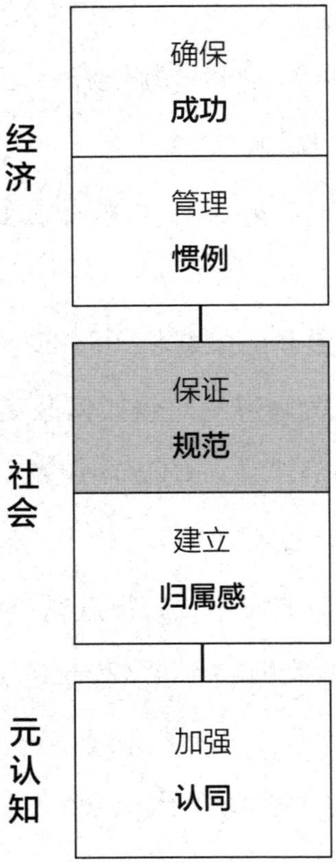
经济
确保
成功
管理
惯例
社会
保证
规范
建立
归属感
元认知
加强
认同

7

因素4：建立归属感

了解自己的归属感感觉真好。

——林云芳[①]

社会规范影响着人的动机。然而，其影响力强弱取决于我们对那些社会规范的认同程度。动机是由归属感调节的。

我们越觉得自己是群体中的一员，就越会为群体目标付出自己的努力，并遵守群体规范。相反，如果我们对所在群体的归属

① 原文为Un Fong Lam，此处为音译。——译者注

感越弱，就越不愿接受该群体的约束，甚至可能会反对其所倡导的东西。

归属感不仅能激发我们的学习动机，还会影响我们的健康状况，提高我们的幸福感。

虽然融入大群体中仅能让人感觉还不错，但不融入却会加剧抑郁情绪的产生、降低平均寿命，甚至会增加青少年自杀的风险。

在个人成长阶段，我们对亲属关系或者亲近感的需求尤为普遍。不足为奇的是，归属感对很多学生来说可能只是核心关注点，但对青少年来说却是他们的全部焦点。

即使学校能建立归属感，有时也会产生副作用。界定一个团体不仅要考虑谁已经加入，而且还需考虑谁没加入。这种区分有时基于其表面特征。

如果放任不管，学校内的群体组织就很容易解体，从而伤害那些最有可能从归属感中获益的学生。出于个人动机和维护公平的需要，我们有意识地建立归属感尤为重要。

明确每个学生的地位

如果人们朝着共同目标团结一致，并敢于担当、勇于奉献，那么团队中的每个人都会受益。

“群体”可以集中资源并调动才智，以实现群体目标或帮助处于困境的成员。然而，集体努力的战利品通常只在获得集体认可的成员间分享。

地位是我们在群体中立足的标志。它关系到我们的成员资格能否得到认可，我们所做的贡献能否得到赞赏，我们的个人喜好能否得到尊重。

无论何时，学校里都会有形形色色的社会群体。对其中大多数群体而言，教师的影响力都是有限的。然而，能让我们起作用的地方只有我们所在的班集体。

教师可以通过以下方式来明确班级群体中学生的地位：

- **加强认可。**强调个人对班集体的贡献，尤其是那些处于群体边缘的人。
- **确保参与。**确保每个人都参加课堂活动、小组讨论、日常玩乐和庆祝活动。
- **措辞恰当。**在语言措辞上，要尽量使用第一人称“我们”，而不是用“你”和“我”，以此来强调课堂活动的集体性和整体性。

如何正确反馈是一件非常敏感的事情。学生很容易将反馈曲解为老师要批评自己或老师不看好自己。

我们可以把反馈视为群体的典型特征，继而将风险转化为资源。在课堂上，我们互相鞭策，因为我们希望每个学生都能更上一层楼。

培养亲和力

增加归属感，除了要帮助明确学生自己的地位，群体的亲和力也不可或缺。

如果地位代表“他们多喜欢我”，那么亲和力则关乎“他们多像我”。这关系到学生对其他成员价值观的认可程度。

群体中的成员越是相互认同，他们就越有信心，认为集体赞同自己的想法，且可以取得令他们满意的结果。

教师在课堂上培养亲和力的策略包括：

- **统一目标。**为班集体制定一个明确的目标，让学生看到其益处，并主动遵守。例如，“我们会通过这次考试”。
- **身份共享。**创设班级特色语言、工作方式和课堂惯例，这些都可以作为课堂的共同参考点。例如，“我们按照这种方法做”。

- **寻求共识。**鼓励学生主动进行人际交往，可以从他们的背景信息、兴趣爱好或共同经历等方面入手。学生们会发现，“哇，原来你和我有这么多一样的兴趣爱好！”

这种关系越独特、越持久，其效果就越明显。比起和某人吃同样的午餐，当你发现自己能和某人同频交流时，你们之间的关系会更紧密，你更能感受到亲和力的力量。

教师可以在班级内部建立班级归属感来培养亲和力，但如果稍加不慎，可能就会引起班级之间的分裂。为了减轻这种影响，教师可以帮助学生建立群体认同感，即主动尊重群体以外的人。

如果方法得当，即便与其他班级竞争，也会让每个班集体之间产生关联效应。秉承相互尊重、轻松愉快、运动员般的竞争精神可以在班级间达成共识，从而为全校学生培养出范围更广的学校归属感。

赢得信任

归属之谜的最后一大要素是信任。与他人合作要求我们树立信心，坚信他们会为我们做出决定，公平地分配资源。信任越多，我们就越有归属感，因此会投入更多的努力。

在学校里，学生信任他们的朋友是无可厚非的，但更重要的是，他们应该信任自己的老师。

建立师生信任后，学生会欣然听取老师的建议，合理分配他们的注意力和精力。可是，信任一旦崩塌，学生就会认为老师的指导多此一举，甚至产生怀疑，并最终拒绝或干脆推翻。

身为教师，我们的身份和地位是学校赋予的。至于信任，我们必须要努力从学生那里赢得。教师可以参考以下几个方面，来检验自己是否获得学生的信任：

- **可靠性：**学生能从教师身上感受到可靠。作为教师，我们要有渊博的学识引领学生朝着正确的方向前进；可以随时随地展示出我们在课程教学以及其他方面的成就和专业素养。我们可以找学生信任的人来作担保，证明自身的实力。
- **关爱：**学生能从教师身上获得关爱。作为教师，你了解学生吗？关爱他们吗？坦诚地向学生表明你了解他们，你是站在他们这一边的，并且你把他们的利益放在心上。正如罗斯福所说：孩子不在乎你知道什么，直到他们知道你在乎他们。
- **一致性：**学生能从教师身上感受到一致。作为教师，你能提前预测出学生容易出错的地方吗？能公平对待学生吗？向学生表明你的价值观和期望值。定期与他们沟通，确保与学生心往一处想，劲儿往一处使。此外，你还需有稳定的情绪。

建立师生信任需要长时间的了解和良好的纪律要求。但任何过来人都会告诉你：这是值得的。一旦学生信任他们的老师，课堂就会变得高效、富有乐趣。

当地位、亲和力和信任这3个要素一起发挥作用时，归属感便应运而生。在学校这个社交丰富的环境中，由此产生的归属感对学生的学习动机影响深远。

核心观点总结

- 明确学生在班级中的地位。
- 制订统一目标并达成共识。
- 赢得学生的信任并保持这种信任。

延伸阅读区

1. 关于动机与归属感的关系，可参阅玛丽莲·B.布鲁尔（Marilynn B.Brewer）的《社会认同的进化视角》（*An Evolutionary Perspective on Social Identity*），了解更多相关信息。

2. 有关融入集体的优点和缺点，如果你想了解更多信息，可参阅格雷戈里·沃尔顿（Gregory Walton）的《纯粹的归属感：社会联系的力量》（*Mere Belonging: the Power of Social Connections*）[①]。

3. 大卫·迪道（David Didau）和尼克·罗斯的作品《每个教师都应该懂点心理学》（*What Every*

① 本论文提到了四个实验，考察了纯粹的归属感对成就动机的影响，即在表现领域中与另一个人或群体的最小社会联系。——编者注

Teacher Needs to Know about Psychology）可以帮助你从另一个角度理解归属感。

4. 对于管理失控可能会对从归属感中收获更多的学生造成偏见的观点，可参阅《人是如何学习的II：学习者、境脉及文化》，了解更多。

5. 莱莫夫在《像冠军一样教学2.0》中围绕“犯错文化”提出了很多策略。

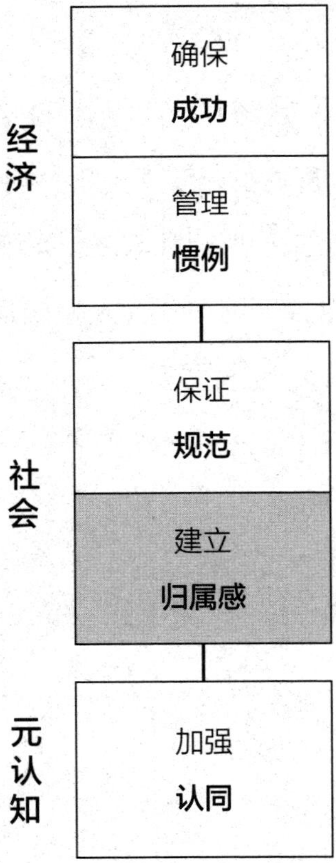
确保
成功
经济
管理
惯例
保证
规范
社会
建立
归属感
元认知
加强
认同

8

因素5：加强认同

> 我们做出决定，然后决定造就我们。
>
> ——弗兰克·博雷汉姆

当今世界，他人的行为和态度对我们的影响举足轻重。我们被那些能让我们在行动上有自主权和选择权的机会所吸引。

然而，并非所有的选择都具有相同的激励作用。当我们有多种可供选择的方案，但这些都不是我们所关注的，或者我们认为自己并不是做决定的最优人选的时候，这可能比赋予自主权更令人沮丧。要使选择具有激励性，还必须使选择有意义。

如果我们的学生认为自己的选择有意义，他们将会付出更多的努力，会一直坚持下去并会享受他们的学习过程。而如果学生感到自己的选择毫无意义或者自己是被迫才做出选择的，他们便会消极怠工，甚至自发抵制这些选择。

学校选择面临的挑战

在课堂上提供有意义的选择并非易事，尤其是涉及教育的宏观机制：学什么内容，以及怎么学。

教师所讲授的知识的性质和学生作为初学者的状态表明，学生对没学过的内容一无所知。

正如患者因缺乏专业知识而无法诊断自己的病情那样，学生也常常不能对自己的学习作出明智的选择，即使他们认为自己有这个能力。在学习中，自主权错位可能比完全没有自主权更糟糕。

当然，作为教师，我们可以适时给学生提供一些有意义的选择，这并不会造成什么损失。比如碰到阐明文章的重点是什么的时候，或者在解决问题时需要选择运用哪个公式的时候。一旦这些机会出现，我们就应该抓住它们。

然而在大多数的课堂案例中，教师能够代表学生做出执行决定，然后努力提高学生对这一决定的认同感，这是一种更好的做法。

认同是衡量一个人对给定行动方案的支持程度的指标。认同是通过帮助学生理解为什么决策符合他们的利益而产生的，会为学生提供机会，让他们自愿选择并遵循它。

我们将这些策略归纳为：凸显优点和提供机会。

经验丰富的司机主要是在无意识的状态下驾驶。提高认同感需要更有意识的推理，正如我们将在本章末尾看到的，甚至包括一些元认知。

当学生感知并重视决策的好处时，他们更有可能顺从决策。虽然这样做的好处显而易见，但出于以下3种原因，学校不能总是这样做：

1. 回报具有不确定性。教师所教知识的价值具有隐晦性和滞后性。即使对教师来言，阐明因式分解的好处也具有挑战性。

2. 知识偏差。因为教师对他们的学科了如指掌，很容易认为我们所教东西的效益是理所当然的。

3. 角色抑制。成为“推销员”并不是教师职位描述的一部分。兜售我们所教授的学科——尽管这很重要——但并不是教师这个行业所推崇的。

课上时间是很宝贵的。在这3种原因的作用下，花时间解释我们教学工作的理由会让人觉得有点小题大做。

展现这些好处可能仅需几分钟，然而，通过提高注意力和自身努力所获得的学习时间可以成倍弥补先前所耽误的任何事情。这是一种非常可观的投资。

凸显优点需要我们先做出深思熟虑的决定，然后传达其背后的理由。如果我们按照如下方法做，那么效果会最佳：

- **参照性。**站在学生的立场来强调好处，而不是从教师或社会的角度来分析为什么这个机会有价值。
- **前瞻性。**尽可能将益处具体化。不仅当你在40岁时能获得什么益处，而且还要将学习该知识的益处细化到明年、下周，甚至是当天。当然，学习本身就具有巨大的价值，但对许多学生而言，在学习之前他们往往很难意识到这一点。
- **适度性。**不要夸大其词。这不仅与道德相悖，而且还会对动机、信誉、信任产生事与愿违的效果。

人们所持的价值观各不相同，因此，有效地阐述其优点不仅取决于我们对学科的了解程度，还取决于我们对学生的了解程度。这就是为什么说，移情是教学的基石。

作为教师，我们除了仔细斟酌如何构建我们的表述方式，还需要考虑要怎样有效地传递信息。以下3点能帮助我们更高效地传递信息：

- **充分交流。**信息越突出，我们在选择时越有可能参考它。在时间和空间上尽可能阐述你的观点[①]。
- **具体展示。**我们描绘的利益图景越具体，我们对其印象就会越深刻。展示的时候，要生动，要保持真实。
- **简明要点。**我们在处理一条信息的时候越简单、越快速，我们就越会倾向于重视它。确保你传达给学生的信息简单明了、通俗易懂。

① 这被称为“曝光效应”。——作者注

知晓这些好处固然重要，但光这样还远远不够。为了确保学生完全参与，我们还必须为学生提供机会，让他们主动选择参与决策。

提供选择权

提供选择权是指为学生创造空间，让他们考虑你所选择的行动方案，并主动遵守。

在大多数情况下，提供选择权应尽可能化繁从简，并且只部署在课程序列的关键点。

向学生解释完原因后，我们可以明确地告诉学生下一步要怎么做，然后问他们：你们准备好了吗？或者我们能继续进行吗？这种微选择能使一切都变得不同。

如果我们确实需要调动学生的积极性，那么可以采用以下3

种方法来增强学生的选择权：

- **阐述理由。**让学生用自己的话总结“为什么”，探讨这与他们的价值观和个人目标的联系。
- **表明意图。**让学生详细地说明他们为取得成功所采取的措施，包括他们行动的时间和地点，以及他们如何克服在这个过程中出现的困难。
- **承诺合约。**让学生口头表明或在纸上写下自己的认可程度或意图。

当然，我们要确信学生会积极响应我们的提议。如果我们能有效地传达其带来的好处，并且建立了师生信任，那么我们的学生就能做出最明智的选择。

我们能让学生产生的认同程度在一定程度上受限于学生对动机是如何运作的理解程度。例如，如果学生知道承诺宣言可以帮助他们实现目标，那么学生就更有可能配合这项学习活动。

为了获得最高等级的认同，我们需要培养学生的元动机。

元动机

元动机具有调节和监控我们自身动机的能力。

当学生的元动机水平较高时，他们可能会把更多的注意力集中在我们提供的机会上，并在课堂内外很少获得支持的情况下也能维持他们的努力。元动机是自主学习的有效工具。

我们可以向学生传达这本书（以及我上一本书《记忆教学法》）中所涵盖的观点，帮助他们将这些观点转化并应用到他们作为学习者所面临的情境中，以此来培养元动机。

教授元动机最好依据现有课程，而不是将其作为一个独立的科目让学生来学习。但是将元动机很好地融入现有课程里，需要充足的时间、缜密的计划，以及多名相关教师在学生的学校生涯里的完美配合。即便如此，我们下的功夫也很可能只停留在表面。

然而，这种投资是值得的。试想一下，如果你的学生有更高水平的元动机，那么他们会如何对待他们的家庭作业或如何准备考试。也许更重要的是：他们将以何种姿态度过余生。

培养元动机不仅仅是帮助学生学习更多知识，而且这也事关他们的发展能力——他们在世界上的行动力及实现目标的能力。这也就是为什么，除了给学生提供强大的课程知识，培养元动机是我们提供给学生最好的礼物之一。

朋友们，培养学生的元动机是5个核心驱动因素的最后一个。到目前为止，我相信你已经掌握了一套完备的方案来提高课堂学习动机。下一步，让我们把这些因素整合一下。

核心观点总结

- 彰显你为学生做选择的益处。
- 给学生提供参与选择的机会。
- 培养学生的元动机。

延伸阅读区

1. 关于选择的激励，如果你想了解更多信息，请参阅伊迪特 · 卡茨（Idit Katz）的论文《什么时候选择能激励你，什么时候不能》（*When Choice Motivates and When It Does Not*）。

2. 有关意义选择的更多好处，请参阅格雷戈里 · 施拉（Gregory Schra）等人的论文《增加对课堂情境的兴趣》（*Increasing Situational Interest in the Classroom*）。

3. 对于“即便学生认为自己有这个能力，但他们也常常不能对自己的学习作出明智的选择”这个观点，如果你想了解更多，请参阅戴维 · 雷德（David Read）的教育研究论文《邓宁-克鲁格：预测与表现之间的差距》（*DunningKruger: the Gap Between Prediction and*

Performance）。

4. 关于影响决策，如果你想要了解更多，请参阅理查德 · H.塔勒（Richard H.Thaler）的《选择架构》（*Choice Architecture*）。

5. 关于将益处具体化，如果你想了解更多，请参阅亚当 · M.拉维基亚（Adam M.Lavecchia）的《教育中的行为经济学》（*Behavioural Economics of Education*）。

6. 关于"阐述理由"，如果你想了解更多，请参阅菲奥娜 · 奥莱利（Fionnuala O' Reilly）的《教育中的行为洞见：给家长、老师和学校领导的实用指南》（*Behavioural Insights for Education: A Practical Guide for Parents, Teachers and School Leaders*）。

7. 关于“价值观和个人目标的联系”，如果你想了解更多，请参阅哈利·弗莱彻·伍德（Harry Fletcher-Wood）的行为心理学文章《超越“我要”：鼓励学生行动的实施意图》（*Beyond ‘I will’: Implementation Intentions to Encourage Student Action*）。

8. 关于“元动机具有调节和监控我们自身动机的能力”的观点，如果你想了解更多，请参阅英国教育捐赠基金会（EEF）的文章《元认知和自我调节》（*Metacognition and Self-regulation*）。

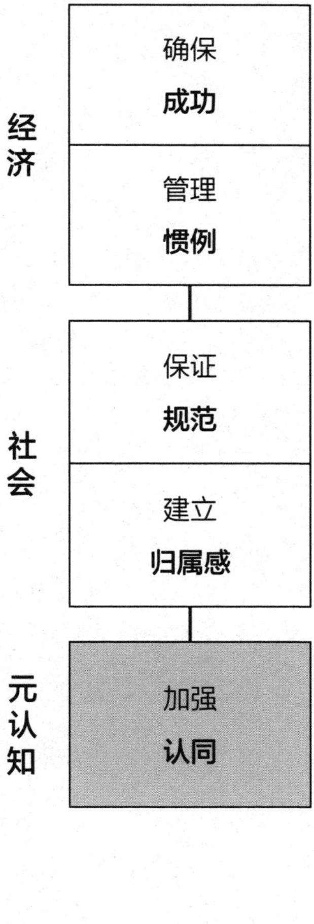
经济
确保
成功
管理
惯例
社会
保证
规范
建立
归属感
元认知
加强
认同

第三幕

融合5个驱动因素

9

融合驱动因素的方法

当我们把这些要素融合到一起时，输赢之间就会有天壤之别。

——帕西诺

前文已经讨论了帮助我们有效认识动机的9个核心观点，以及帮助我们影响动机的5个核心驱动因素。

现在是时候把这些要素融合到一起了，这样你就可以从整体上了解学习动机的框架。最后，为了达到预期的结果，我们将探讨最后一个关键要点。但在此之前，我们首先要了解框架的完整内容：

核心观点	
1	动机影响行为、学习和幸福。
2	动机是复杂的、无形的，这导致人们很难理解它。
3	要影响动机，我们就必须从科学中汲取洞察力。
4	动机是一种分配注意力的系统。
5	动机将注意力分配到最佳的投资上。
6	动机在很大程度上是一个无意识的过程。
7	动机是对情境的特定反应，而不是普遍的特征。
8	学习动机是我们必须积极培养的要素。
9	我们可以通过应用5个驱动因素，系统地构建学习动机。
10	动机是行为发生的主要原因。

核心驱动因素	
确保成功	提高学生学习的成功率，让学生回顾，定义成功的含义，并帮助学生准确归因，从而有效减少失败。
管理惯例	简化学习过程但又不失学习内容的挑战性；提供行动链和线索提示；持之以恒。
保证规范	提高理想规范的显著性；提高同伴认可；强调我们希望发生的事情，而不是没有发生的事情。
建立归属感	明确所有学生在班级中扮演的角色；制订一个统一的目标，找到共同点；赢得信任并保持师生信任。
加强认同	展现你为学生做选择带来的好处；为他们提供选择的机会；在培养学生构建元动机上投资。

回顾时间

将所有的要素列在跨页纸上。

探讨实际运用有关框架内容的示例和反面示例。

考虑框架内容与你自己的联系。

两位学生的对比：诺拉和埃维

为了对比驱动因素所产生的不同影响，让我们来看下来自不同班级的两位学生诺拉和埃维（均为化名）的情况。诺拉的老师没有采用5个驱动因素来教学，而埃维的老师则将5个驱动因素应用自如。在这两种情况下，思考每位学生在学习中可能投入的注意力和努力程度：

- 诺拉："科学是无趣的。我总是犯错，老师当着所有同学的面批评我。我不该如此懊恼，因为班上的其他同学根本不在乎。他们并不会以此笑话我，因为他们对学习也不感兴趣。内丽老师总是讽刺我们'咱们班就从来没有人做过家庭作业'。尽管如此，让别人觉得自己愚蠢还是很丢脸的。而且我自己似乎也无能为力。当我举起手时，其他同学都会嘲笑我，我甚至不确定老师是否知道我的存在。因为老师有时叫我朵拉[面露悲伤]。我甚至没敢纠正我的名字，谁知道老师接下来会有什么样的反应。我承认我自己可能不是块学习的料。但这没什么大不了的，因为学习本来也没有任何意义。”

• 埃维："掌握科学知识是很难的，但我知道如何做得更好。我知道在课堂上应该期待什么，虽然起色很慢，但可以肯定的是，我一直在进步。即使我做错了，也不是什么坏事。艾丽老师默默地支持我，或者大家把我的经验分享给班级其他同学，这样每个人都能从中学到东西。我们班属于'全力以赴专心学习班级'，所以我为自己所做的贡献感到自豪。这是一个很优秀的班级，我们都能从对方身上'获得'并'照顾'对方，并且大家都很努力。老师总会指出哪位同学是'有效的学习者'，每个人似乎都做家庭作业。艾丽老师很希望我能取得好成绩。她知道我在哪些方面存在困惑，并且会检验这方面的学习成果，所以我们都会更直观地知道自己哪方面还有欠缺，每次都是如此！科学太具有魅力了。如果没有科学，我就不会学习这么多知识，更没有能力玩《我的世界》这个沙盒游戏。这门课上得太值得了。”

当然以上案例是两个极端，个体差异也能产生影响。但不可否认的是：这些例子让我们了解到核心驱动因素能带来多大的不同。它不仅能影响学生，还能给教师带来不一样的体验，不妨把自己代入内丽老师和艾丽老师体验一下。

现在暂停一下，思考一下你自己使用的教学方法：

回顾时间

翻到前几页的框架概述。

选一门课，并思考你该如何激活每个驱动因素。

列出你可以做的事情，建立更强的学习动机。

选一件小事做好计划，并在下次教学时尝试。

千万不要跳过这一点，你只需花几分钟。别小看这短短的几分钟，但从长远来看，这将使一切都变得不同。翻回去，然后根据你的实际情况，填一填下面这个雷达图①：

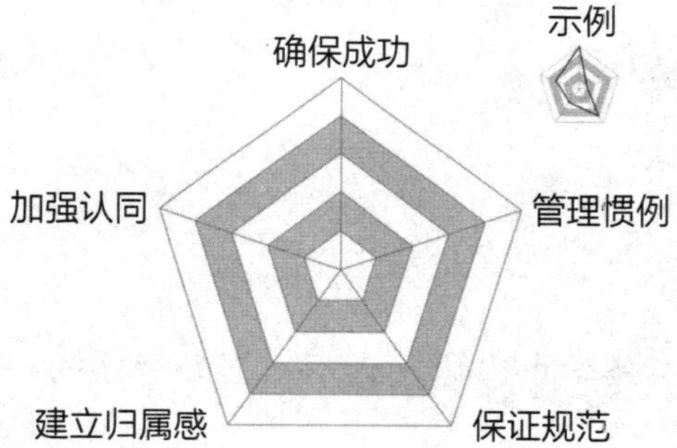

① 在每个驱动因素上，标出你的动机水平（越靠近雷达中心，动机水平越低），然后把你标好的5个点连起来，就像右上角的示例一样。——作者注

回顾时间

你可以通过哪些方法在课堂上建立更强的学习动机：

在教学中，你致力于计划和尝试的一件小事是：

上游思维

使动机如此有趣的原因之一是它与行为之间的关系。

动机是行为的上游原因。这一点举足轻重，因为我们越往上游干预，我们对其中结果的影响力就越大。

幕间小话

动机+机会=行为

动机或许被认为是“行为（或注意力）潜力”。从这个角度来看，当动机与机会相辅相成时，就能产生行为。动机+机会=行为。激活这个等式有时需要一个提示，当等式的左边加上提示时，该模型方可有效。

正如医疗保健系统在致力于帮助人们戒烟和癌症治疗的同时，也能够挽救更多的生命；消防部门投资安装烟雾报警器，缩短消防车的响应时间，可以使伤亡率降到最低一样。如果学校能在行为发生前就对学生进行积极干预，并且在行为发生后积极补救，就能更有效地解决问题[1]。

幕间小话

走在行为的前面

良好的消防安全可以总结为两部分：

1. 创造一个不太可能引发火灾的环境
2. 设计有效的系统，在火灾伊始就把它们解决掉

我们可以将这个模型应用于行为管理。这包括创造条件，以期更有可能出现良好行为，而更不可能出现不良行为，并设计系统在不当行为/良好行为发生时做出应对。

这可以描述为积极主动和被动应对的行为方式。

① 这就是汤姆·班尼特（Tom Bennett）在其著作《像行为大师一样管理你的课堂：给教师的课堂行为管理解决方案》中所说的“走在行为前面”。

1. 主动出击：创造一个环境，让学生知道他们应该如何行为得体，而不是之后不得不这样做；在这个环境中，他们完全明白你想从他们身上看到什么样的行为，如何去做，以及为什么这些行为很重要。

2. 被动应对：当学生的行为发生时，对他们的行为做出反应，这样他们就会明白自己的行为是否正确，如果不正确，又该如何纠正。在事后要给予外部刺激。

然而，实现这一目标需要规划和决心。行为的纯粹可见性和即时性意味着，在繁忙的课堂教学中，我们很容易把培养动机的工作置之一旁。

如果教师们任由这种行为发生，如果学校只注重行为而忽视动机，学校中的所有人很快就会发现自己被卷入一种表面顺从文化中，仅满足于抑制不良行为，让学生待在教室里，并确保他们“完成作业”即可。

但是，如果我们下定决心并做好计划，如果学校可以平衡行为与动机之间的关系，学校中的所有人就会发现自己倾向于一种承诺文化，只有在学生十分上心他们的学习，并付诸努力时才会满足。即使学习进展举步维艰，他们仍保持这种文化。我相信你认同这一点，因为这是一种值得为之奋斗的平衡关系。

核心观点

动机是行为的上游原因。

这就是这本书的完整框架，以及如何使用这个框架为学生服务。但在结束前，让我们做最后一件事：探索如何利用这个框架来服务自己。

延伸阅读区

1. 对于“动机+机会=行为”这个模型中所说的提示，如果你想了解更多，可参阅B.J.福格（B.J.Fogg）描述“微习惯”理念的著作。

2. 关于“我们越往上游干预，我们对其中结果的影响力就越大”这一想法，丹·豪斯（Dan Health）在其著作《上游：在问题发生之前寻求解决》（*Upstream: the Quest to Solve Problems Before They Happen*）中有更加详尽的描述，如有需要，欢迎阅读。

10

教师的自我激励

成功是一门科学，如果你有了条件，你就会得到结果。

——奥斯卡·王尔德

我们前面已经探讨了很多关于如何激励学生的问题。但是，作为教师，我们又该如何激励我们自己呢？我们有什么不同吗？我们是否需要借助外力来实现我们自己的目标？或者教师只依靠意志力就能胜任吗？

虽然教师可以依靠意志力，但自我调节失控是所有人生活中的共性，当然除了那些最自律的人。

这再正常不过了。无论是选择吃那块饼干还是再看一集电视剧，尤其是当我们有更满意的选择时，大多数人都以这样或那样的方式来为自己争取最佳的利益。

这其中的一个原因就是我们预测未来感受的能力很差。

尽管今天不断失败，但我们始终认为明天能做出更好的选择。即便我们已经注意到别人也有这种虚假的乐观主义。

我们倾向于用叙述话语来解释我们过去的行为，这反而使情况更加复杂。无论是多么无关紧要的事情，我们几乎总有理由搪塞过去，这只会让我们更难从先前的决定中吸取教训。

随着现代生活中能即时满足的选择日益丰富，这对自我调控提出了更高的要求，因此我们更需要具有预见性。

从结账买巧克力到点播视频，这些都是自我调控失败的诱因，从而让我们无法实现人生目标，甚至会引发各种健康疾病。

幕间小话

教师的咖啡时间：5分钟正念练习

将正念练习融入到学校生活中，能够对教师的心理和情绪健康产生奇妙的效果。课间休息时间，也能快速完成一次正念练习：

①冲（或买）一杯咖啡（或茶、热巧克力或其他热饮），然后在学校里找一个不会被打扰的地方。

②喝第一口之前，闭上眼睛，感受一下手中杯子的温度。吸入热饮的香味。感受你脸上的蒸汽。留意你期待喝一杯热饮的那种感觉。

③睁开眼睛，喝第一口。留意嘴唇和舌头上液体的温度。留意那种味道。把液体在嘴里来回搅动，感受它产生的感觉。

④吞下这种液体，顺着你的喉咙、食道和胃一路追踪那种温暖。你能感觉到胃的温暖吗？

⑤当你享受咖啡休闲时光时，再多喝几口，密切注意味觉、嗅觉和触觉的感受。

那么除了运用意志力，身为教师，我们还能怎么做呢？我们如何才能更好地管理当下的动机？

一种方法是练习正念冥想。这可以帮助我们更有意识地察觉自身状况，并调控我们的注意力分配和情绪状态。

另一种方法是重新规划我们的决定。面对当下选择，我们可以问问自己：将来我们会怎么做？如果下周面临这个选择，那我又会怎么做？

正念和重构是强有力的方法，但它需要时间积累和持续的实践。它们经常会在我们压力大的状态下分崩离析，而这恰好是我们最需要它的时候。

对于忙碌的专业人士来说，他们所需的是短时间内就能提供可靠结果的东西。因此我们需要建立一种动机架构。

动机建构

动机架构能认识到我们潜意识的作用，并改变周边的环境，使之为我们所用，而不是跟我们作对。

虽然我们可能无法在当下击败我们的无意识，但我们可以提前预防它。比如，把社交应用从你的手机上卸载下来，或者把闹钟放在房间的另一边，这些都关于计划方案，与意志力无关。

首先，我们可以简单参考一下本书中提供的策略和想法。无论是对我们自己还是学生，这5个驱动因素都行之有效。

为了演示如何操作，让我们来设想一个场景。想象一下：你想更好地激励你的学生，而你已经掌握了扎实的专业知识，现在只需你做出改变，试想你能做什么？

如果我们从5个核心驱动因素来考虑这个问题的话，下图汇集了我们可能想到的关于各种策略的例子：

核心驱动因素	
确保成功	从微小、可实现的改变开始，并逐步增加；界定成功的定义，力争进步并做好失败的准备；你越成功，你就越想再做一次。
管理惯例	选择一个你每天都可以练习的改变；代替日常惯例，而不是增加新惯例；设计一个你不会忽视的提示，让第一步变得简单，然后持续“出现”以养成习惯。
保证规范	让你周围的人都做同样的事并对此充满热情；无论是在现实生活中还是虚拟世界中，都要保证规范；加入一个规范俱乐部或直接建立一个规范组织。
建立归属感	结识做类似事情的人，大家一起分享经验；让你的工作围绕着一个目标，给自己分配一个头衔或身份（如“研究极客”）。
加强认同	定期抽出时间来解释你为什么要这么做；公开表明你的意图并承诺参加学校课程设计，即便只是一个博客或学校演讲。

现在写下你想要做得更好的事情，并亲自尝试：

核心驱动因素	
确保成功	
管理惯例	
保证规范	
建立归属感	
加强认同	

设想使用上述方法实现你的新年心愿，而不是依靠意志力。试想一下结果有什么不同。

这不仅是实现目标的有效方法，而且还可以减少持续的自我调节，从而让我们更专注于当下。

动机建构使我们更有意识、更富有精力地生活。这就是为什么对我来说，这是人类的终极超能力。

随着这一宏伟主张的推出，本书也快接近尾声。真是太棒了。从动机机制到目标设定，本书已涵盖很多内容。

但这只是开始。大框架已经勾勒出来了，但细节还有待雕琢。接力棒现在已经传到你手上了。

将这些想法结合到课堂教学中，阅读你感兴趣的部分，并慷慨地分享你学到的东西。让我们在一次次共同见解中推动教育发展。

我非常感激你们愿意投入宝贵的时间与我一起探讨这些想

法，我希望其中的一些方法能在你们的人生道路上一直坚持下去。如果某天我们相遇了，请停下来打声招呼，告诉我你的想法。

现在开始你的动机教学吧。

延伸阅读区

1. 关于自我调节失控，如果你想了解更多，可参阅安吉拉·L.达克沃斯（Angela L. Duckworth）等人的论文《超越意志力：减少自我控制失败的策略》（*Beyond Willpower: Strategies for Reducing Failures of Self-control*）。

2. 关于“我们预测未来感受的能力很差”的观点，如果你想了解更多，请参考一档播客节目“Choiceology podcast”，凯蒂·米尔克曼（Katy Milkman）作客的那期（第7期）。

3. 关于“用叙述话语来解释我们过去的行为会使情况更加复杂”这个观点，如果你想有更多见解，可参阅尼克·查特（Nick Chater）的著作《思维是平的》。

4. 如果你想要了解更多关于“（元动机）潜在的益

处和损害”的内容，可参阅阿比盖尔 · 舒勒（Abigail Scholer）等人的论文《自我调节的新方向：元动机的作用》（*New Directions in Self-regulation: the Role of Metamotivation Beliefs*）。

5. 练习正念冥想能产生积极和消极两种结果。关于正念冥想，如果你想有更多尝试，可使用“Headspace”这类冥想应用程序。

6. 关于“我们无法凭借意志力击败我们自己当下的无意识”如果你想了解更多，请参阅布莱恩 · 雷斯尼克（Brian Resnick）的文章《为什么意志力被高估了》（*Why Willpower Is Overrated*）。

7. 如果你想要深入了解习惯养成（这与动机建构有很多重叠之处），请参阅詹姆斯 · 克利尔的《掌控习惯》。

致谢

我撰写这本书并不是一蹴而就的。在漫长而艰难的3年中，我要感谢为这本书做出贡献的每个人，尤其感谢以下几位：

- 爸爸和妈妈，再次感谢你们！感谢你们鼓励我，帮我校对，一直帮我照看孩子们！
- 再次感谢卡洛斯，感谢你孜孜不倦地寻求真理。
- 感谢玛丽、马特以及相关教师！通过你们的共同努力，我们提高了教育标准。
- 感谢汤姆、海伦以及英国教育研究所的倾囊相助。
- 感谢尼克！时隔两年半，谢谢你鼓励我重写，虽然重写时间长达六个月，过程是痛苦的，但这绝对是正确的选择。

- 感谢阿拉斯代夫、弗兰德斯、卡洛琳、塞西尔、戴夫、大卫、哈利、海伦、杰辛斯、珍、乔、乔希、朱利安、劳伦斯、迈克以及业界其他人的慷慨相助！只有你们的帮助，此书才趋于臻善。

关于作者

佩普斯·麦克雷（Peps Mccrea）是一位屡获殊荣的教师培训师、设计师与作家。

他是英才学院（Ambition Institute）[①]教学设计主任、Steplab的教育总监，也是《精益备课法》和《记忆教学法》的作者。

佩普斯有三个硕士学位、两个小孩，和一支拿得出手的舞蹈（如果你希望一睹风采，他会很乐意跳给你看）。

① 位于英国，是一家致力于向教育工作者提供职业发展培训和认证的机构。